AF509519

HISTOIRE ADMIRABLE

ET PRODIGIEVSE,

d'vn Pere & d'vne Mere qui ont assassiné leur propre fils sans le cognoistre.

Arriuee en la ville de Nismes en Languedoc, au mois d'Octobre dernier, 1618.

A PARIS,

Chez Abraham Saugrain, ruë S. Iacques, au dessus de S. Benoist.

M DC. XVIII.

HISTOIRE
ADMIRABLE
ET PRODIGIEVSE,

d'vn Pere & d'vne Mere, qui
ont assassiné leur propre fils
sans le cognoistre.

Arriuee en la ville de Nismes en
Languedoc, au mois d'Octobre
dernier 1618.

LES exemples du mal-
heur que l'auarice nous
produit, sont fort fre-
quents en toute sorte d'Histoi-

res, & d'autant plus qu'ils fe re-
nouuellent en nos iours, nous
auons occafion de croire, que
les effects de ce vice damnable,
font auffi tragiques auiourd'huy
qu'ils l'ont efté parmy les na-
tions les plus barbares.

En la ville de Nifmes en Languedoc, qui eft affez cognuë,
pour eftre l'vne des principales
de la Prouince, & la plus anci-
enne qui fe voye auiourd'huy
dans tout ledit pays, eftoit vn
Hoftellier, qui auoit fa maifon
dãs les Faulx-bourgs de la ville,
& qui eftoit homme de peu de
moyens. Son fils vnique auoit
eu des fa premiere jeuneffe
grande affection aux voyages,
& aux exercices de la guerre:

de sorte qu'à l'aage de douze
à treize ans il estoit party d'au-
prez de son Pere, pour se ren-
dre au pays de Suede, prez d'vn
Capitaine, fort vaillant & de
bonne reputation, qui estoit de
ladicte ville, là où il auoit du-
rant l'espace de douze ou quinze annees vacqué auec vne
belle & honneste reputation,
parmy ceux qui le cognoissoiét
à la profession qu'il auoit em-
brassée par inclination, & y
auoit mesme acquis beaucoup
de moyens, auec quelque des-
sein des'y marier, & de s'y ar-
rester pour plus long temps.
Mais comme ainsi soit que l'a-
mour que nous portons à no-
tre pays, nous face reuenir auec

vne force secrette, qui nous atti-
re vers le lieu qui nous a nourry.

Ce ieune homme doncques
(fils dudit Hoſtellier) reuient
au bout de ce temps là, pour re-
uoir ſes Pere & Mere auec le re-
ſte de ſes parents & amis, & re-
cognoiſtre l'eſtat de ſa maiſon,
voire l'aſſiſter en cas qu'elle en
euſt beſoin. Et d'autant que
ſon Pere eſtoit de la profeſſion
que nous auons mentionné au
commencement, il ſe rendit
prez de luy ſans ſe donner à cognoiſtre, & y logea comme au-
roit fait vn eſtranger, feit pren-
dre ſon cheual, & donna à ſer-
rer ſes hardes & valiſes, parmy
leſquelles il recommanda par-
ticulierement vne petite malle

où estoit son argent, & en apres
prit vne chambre, où s'estant re-
tiré, il reuint apres pour souper
auec ses pere & mere, qui fai-
soient quelque difficulté de se
mettre à table auec luy, comme
le prenant pour vn homme
d'autre qualité qu'ils n'estoient.

Apres souper, ce ieune homme
sçachant qu'il auoit vne sœur,
qu'il auoit veu marier auant son
départ, il la voulut visiter, & se
faire premierement recognoi-
stre à elle qu'à nul autre, voire
mesmes ils arresterent ensem-
ble que le lendemain matin elle
viendroit pour voir ses pere &
mere, & que là ils s'esiouiroient
ensemblement auec plus de
ioye & de contentement de

ſon heureux retour.

De ſorte qu'eſtant reuenu pour ſe coucher dans la chambre que ſon hoſte luy auoit donnee, & s'eſtant bien endormy, pour le grand & lon chemin qu'il venoit de faire. Ce meſchant & malheureux appetit de l'or, qui nous fournit des tentations ſi eſtranges, commença d'agir ſur l'eſprit imbecille de ſes pauures gens, qui ayants en leur pouuoir la malle de leur nouuel hoſte, duquel ils ignoroient le pays & la qualité, & croyants eſtre d'vne nation ſi eſloignee, que les nouuelles de ſa mort ne pourroiét de lon temps paruenir iuſques aux ſiens, feirent ce deteſtable deſſeing,

desseing, qui donne subiect
à l'Hystoire presente de l'es-
gorger dans son lict, ce que
ayant executé, ils couurirent
son corps de quelque fumier,
qui estoit dans leur escurie,
& à l'instant s'estans persua-
dez que le faict seroit bien
couuert, & non connu d'au-
cun, que de leur propre con-
science ils enfermerent se-
crettement le butin qu'ils ne
croyoient pas leur deuoir
estre si funeste & si luctueux.

Au poinct du iour, ceste
femme (sœur de ce ieune
homme) ne mancqua point
a venir , & à l'instant por-
tee d'impatience, qui est na-
turelle à son sexe : elle an-

nonça & declara l'arriuee de
son frere , demandant à
quelle chambre il auoit cou-
ché, & qu'elle desiroit le voir:
Ses pere & mere demeurerent
tout estonnez de ceste nou-
uelle, demandant à leur fille
combien de temps il y auoit
qu'il estoit arriué, disans ne
l'auoir veu depuis son des-
part , voire mesmes asseu-
roient n'en auoir iamais ouy
nouuelles , ny receu aucunes
lettres, ne se persuadans pas,
à leur grand regret qu'il deust
encores viure. Leur fille con-
tinuant a appeller son frere,
& a le demander plus viue-
ment le designant par sa tail-
le, par ses habits , & finale-

ment par ſes hardes & ar-
gent, les mouuements de la
conſcience qui ont accouſtu-
mé d'eſtre fort violents, par
vne ſecrette Iuſtice de DIEV,
qui exige aſſiduellement la
punition meritee par tels for-
faicts, furent deſormais deſ-
couuerts, de ſorte que fon-
dants en pleurs, & ſe battans
la poictrine, auec des lamen-
tations extraordinaires con-
uenables a vne rencontre ſi
Tragique, ils commencerent
à s'accuſer eux-meſmes, a deſ-
plorer leur malheur, & im-
plorer volontairement la ven-
geance de DIEV, qu'ils
auoient iuſtement prouoc-
quee. Et tout le voyſinage

B ij

arriuant là deſſus , deſireux
d'entendre le ſubiet des ſes
plainctes , de la bouche de
ceſte femme qui eſtoit raſſi-
ſe, & autant eſtonné des lar-
mes de ſes parents , comme
eux affligez iuſques au deſeſ-
poir d'vne mes-aduanture ſi
pitoyable, à laquelle neant-
moins ils recognoiſſoient deſ-
ja ſecrettement dans leur
ame, que leur inſatiable auarice auoit donné origine.
Tous les voyſins, dis-je, por-
tez d'affection pour voir ce
ieune homme , qu'ils ſe ſou-
uenoient d'auoir cogneu en
ſon enfance, s'eſtans enquis
particuliercmét quelle chambre il auoit pris , apres l'a-

-uoir soigneusement recher-
ché & ne le trouuant pas, furent contraincts de changer
ceste curiosité loüable, en
vn triste & lamentable sou-
pçon, ne voyans pas que pou-
uoit estre deuenu vn homme,
logé là dedans depuis quator-
ze ou quinze heures, & ne s'y
trouuant plus. Mais ce malheureux pere, & cest hoste
desloyal, apres auoir violé la
foy qui est deuë à la seureté
publique, dans vne si bonne
Ville, & s'estre soüillé les
mains de son propre sang, ne
desirant pas de suruiure à son
malheur, voire mesme vou-
lant exiger de soy la peine
d'vne faute si enorme, se des-

couurit ſoy-meſme, & ſe re-
mit volontairement entre les
mains de la Iuſtice du lieu,
qui en eſt ſaiſie, pour en faire vne punition exemplaire,
& qui ſerue à la Poſterité.

F I N.

www.ingramcontent.com/pod-product-compliance
Lightning Source LLC
LaVergne TN
LVHW021627170726
843501LV00010B/4212